Alois Segerer: **Fogerl**. Mundartlyrik und Fotografie

Alois Segerer

FOGERL

Mundartlyrik und Fotografie

Herausgegeben von Rudolph Bauer

Die bairische Mundartliteratur, die vor allem in den 60er und 70er Jahren des 20. Jahrhunderts geschrieben wurde, unterschied sich sowohl in der Schreibweise wie auch in den Themen und Formen grundsätzlich von den älteren Dialektgedichten: mehr Rhythmus als Reime, Stadtmotive anstelle von Naturlyrik, Groteske und schwarzer Humor statt heiler Welt.

Erfunden wurde dieser neue Stil allerdings nicht in Bayern, sondern in Wien. Den Anfang machte der Gedichtband *med ana schwoazzn dintn* von H. C. Artmann[1]. In Wiener Mundart schrieben dann auch Gerhard Rühm[2], Wolfgang Bauer[3], zum Teil auch Ernst Jandl[4], dazu kamen die Kabarettisten Qualtinger[5], Merz[6], Bronner[7] und Kreisler[8].

Vorreiter im Bairischen war das Autoren-Duo Carl Ludwig Reichert[9] und Michael Fruth, die unter dem Pseudonym Benno Höllteufel den Band *Warum nacha ned?* herausbrachten.

Im Raum München gab es dann noch einen Glücksfall, nämlich den Friedl Brehm[10], der in Feldafing einen kleinen Verlag betrieb.

---

1 Hans Carl Artmann (1921-2000), österreichischer Lyriker, Schriftsteller und Übersetzer. 1940 zur Wehrmacht eingezogen, wurde er mehrfach verwundet und desertierte zweimal. med ana schwoazzn dintn erschien 1958.
2 Gerhard Rühm (*1930), österreichischer Schriftsteller (Lautgedichte und Visuelle Poesie), Komponist und bildender Künstler.
3 Wolfgang Bauer (1941-2005), österreichischer Schriftsteller und Dramatiker.
4 Ernst Jandl (1925-2000), österreichischer Autor (u. a. experimentelle Lyrik, visuelle Poesie und Lautgedichte) und Übersetzer.
5 Helmut (Helmuth) Gustav Friedrich Qualtinger (1928-1986), österreichischer Schauspieler, Schriftsteller, Kabarettist und Rezitator.
6 Carl Merz (1906-1979), österreichischer Schriftsteller und Kabarettist.
7 Gerhard Bronner (1922-2007), österreichischer Komponist, Autor, Musiker und Kabarettist. Bronner musste nach dem „Anschluss" Österreichs als Jugendlicher, weil sozialistisch engagiert und proletarisch-jüdischer Herkunft, nach Tschechien emigrieren und von dort nach Palästina, wo er bis 1948 lebte.
8 Georg Kreisler (1922-2011), Komponist, Sänger und Dichter. Kreisler musste 1938 aufgrund seiner jüdischen Herkunft mit seinen Eltern in die USA auswandern. Als US-amerikanischer Staatsbürger kehrte er 1955 nach Wien zurück.
9 Carl-Ludwig Reichert (*1946 in Niederbayern) ist ein deutscher Musiker, Radiomoderator, Übersetzer und Schriftsteller.
10 Friedel Karl Brehm (1917-1983) war Redakteur, Verleger und Autor.

Er gab die Mundartzeitschrift *Schmankerl* heraus und verlegte als erster zum Beispiel den Gerhard Polt[11]. Der Friedl Brehm war außerdem ein Bilderbuch-„Genosse"; er schrieb immer rote Zahlen und gab trotzdem nicht auf.

Brehms Münchner Autoren – u. a. Ossi Sölderer, Felix Hörburger[12], Bernd Setzwein und Josef Wittmann[13] – trafen sich zu Lesungen regelmäßig im *Fraunhofer*[14]. Die auch als *Wirtshaus im Fraunhofer* bekannte Gaststätte in der Fraunhoferstraße 9 liegt im Münchner Glockenbachviertel im Stadtteil Isarvorstadt. Angeschlossen an die Gaststätte waren das *Theater im Fraunhofer* und das *Werkstattkino*.

Fünfzig Jahre München haben logischerweise meinen oberpfälzer Hausdialekt ziemlich verhunzt. Es ist jetzt so eine Art Ober-Nieder-Hoch-Bairisch mit oberpfälzer Akzent. Is owa wurscht. Eigentlich hod ja jeda sein eigna Dialekt. Wenna oan hod.

Alois Segerer

---

11 Gerhard Polt (*1942 in München) ist Kabarettist, Autor, Fernseh- und Filmschauspieler.
12 Felix Hoerburger (1916-1997) war Schriftsteller, Komponist und als Musikethnologe Hochschullehrer an der Universität Regensburg.
13 Josef Wittmann (geboren 1950 in München) ist deutscher Lyriker, Schriftsteller und Buchillustrator.
14 Über das *Fraunhofer* schreibt Josef Brustmann, der Kabarettist und Multikünstler: „Wenn man in die Chronik schaut, gibt es das Wirtshaus bereits seit 1774. Genau 200 Jahre später im Jahr 1974, heißt der neue Wirt Josef Bachmaier, von seinen Freunden Beppi genannt. 1974 ist nicht weit weg von 1968, und das Fraunhofer nicht weit weg vom *MUH* (musikalisches Unterholz) in der Sendlinger Straße." Josef Bachmaier habe bei seinem Umzug von der Sendlinger in die Fraunhoferstraße nicht weit gehabt, „... und er hat alles Wichtige aus diesem traditionsreichen Kulturbrettl mitgenommen: die Lust an der Gaudi und am Leben; ein großes Interesse an allem, was die bayerische Kunst und Kultur ausmacht; eine ungezwungene Offenheit für andere Kulturen; eine rege Anteilnahme an Mensch, Gesellschaft und Politik; und damit verbunden eine unzwidere Lust zum Widerspruch und zur Kritik, oft genug umgesetzt in gezielte politische Aktionen, selten ohne Begleitung von Herrn Humor." Im Hinterhof des *Fraunhofer* befinde sich die Theaterkneipe *Kulisse*. Dort halte der *Poetenstammtisch* seine für alle offenen Zusammenkünfte ab. „Das kulturelle Herz des *Fraunhofer* aber schlägt im *Theater*", berichtet Brustmann. „Seit 1974 treiben hier Laien, Halbprofis oder Profis, Musikanten, Schauspieler, Kabarettisten, Poeten und andere Künstler ihr fruchtbares Unwesen. Jörg Hube mit seinem *Herzkasperl*, Sigi Zimmerschied mit seinem *Klassentreffen* und Fredl Fesl mit seinem *Erzherzog-Johann-Jodler* spielten sich hier aus dem saftigen bayerischen Kultursumpf nach oben und wurden Berühmtheiten."

in da nochd
ois is fodraad
wos laud is is schdaad
wos schdaad is machd leam
i glaab i muas schdeam

de wöid is fagwea
mei kopf is so lea
da deife dea lochd
foad am radl durchd nochd

nix is mea so wias ima sei soi
nua da hime und i
mia san schdeanhaglfoi

de schrass is ganz grümm
i laaf wüid umadum
sig an schimme galobian
mid an reidda an dian

auf da schbitz fonam doom
hoggd a miggemaus droom
und da rodhendlmaig
rauchd a müidaras zeig

nix is mea so wias ima sei soi
nua da himme und i
mia san schdeanhaglfoi

IN DA NOCHD

ois is fodraad
wos laud is is schdaad
was schdaad is machd leam
in glaab i muas schdeam

de wöid is fagwea
mei kopf is so lea
da deife dea lochd
foad am radl durchd nochd

nix is mea so wias ima sei soi
nua da himme und i
mia san schdeanhaglfoi

de schdrass is ganz grumm
i laaf wuid umadum
sig an schimme galobian
mid an reidda an dian

auf da schbitz fonam doom
hoggd a miggemaus droom
und da rodhendlmaig
rauchd a muidaras zeig

nix is mea so wias ima sei soi
nua da himme und i
mia san schdeanhaglfoi

ois is fodraad
zwoa im gwadrad
gibd fimfe schdadd fia
so schlimm schdez mid mia

wea reich is is oam
de oama fadoam
fadoam bis aufs bluad
wea oam is is guad

nix is mea so wias ima sei soi
nua da himme und i
mia san schdeanhaglfoi

de wöid is fagwea
da schdoach schwimd im mea
da fisch fliagd duach d luftd
und red amoi a ganz einfacha reim
foid ma mea ei

koa dia ged mea zua
es wiad nimma frua
es wiad nima schbaad
ois is fodraad

nix is mea so wias ima sei soi
nua da himme und i
mia san schdeanhaglfoi

ois is fodraad
zwoa im gwadrad
gibd fimfe schdadd fia
so schlimm schdez mid mia

wea reich is is oam
de oama fadoam
fadoam bis aufs bluad
wea oam is is guad

nix is mea so wias ima sei soi
nua da himme und i
mia san schdeanhaglfoi

de wöid is fagwea
da schdoach schwimd im mea
da fisch fliagd duach d lufd
und ned amoi a ganz einfacha reim
foid ma mea ei

koa dia ged mea zua
es wiad nimma frua
es wiad nimma schbaad
ois is fodraad

nix is mea so wias ima sei soi
nua da himme und i
mia san schdeanhaglfoi

FANA

fia an jedn
dodn indiana
oda kinesn
oda nega
an schdean

und fia jedn
meda feabrends land
oda feagiffz wassa
an schdreifn

des ged
af koa kuahaud

MOADDAPFOI

schaud fast so aas
ois waar i jez am moaddapfoi

schaud fast so aas
ois waar i gfessld

schaud fast so aas
ois kannd i mi ned rian

schaud fast so aas
ois kannd i nix mea macha

owa kimmz nua
wuide indiana
i schrei ned

schaud fast so aas
ois hädd i an knewl im chrglblb

kuaz foa losenscheles

AFFI OWA

kuaz foa losenscheles
hod a oama samaridda
an fealezdn gfundn

er machd sei rodgreizdaschl af
und feabindn

kuaz foa losenscheles
hod a oama samaridda
an fealezdn gfundn

er machd sei wassaflaschn af
und lassdn drinkn

kuaz foa losenscheles
hod a oama samaridda
an fealezdn gfundn

ja wenns de oama samaridda
ned gem daad
de schdrasngreiza
de lassn di gladd feareggn

a schdiggl fo dia

gibsdma a schdiggl fo dia
es muas ned as besde sei
wohsd hoid ned imma brauchsd
i fass aa scho aaf draaf
und i gibsda aa zrügg
schbäda

an lungaflügl zum beispüi
bala nixe mea daugd
oda a heazglabbn
de nimma aaf und zua ged
duads aa

a haar waar zwar zweni
owa a oawaschl
aaf demsd nixe mea heasd
oda a steifa finga
waam grod richde

zuwos i des wüi
du frogsd owa dum
wo i doch nia woass
wialang i mid meim linkn aug
no seng ko
wo as rechde eh bessa woa
des i dia gem hob

A SCHDIGGL FO DIA

gibsd ma a schdiggl fo dia
es muas ned as besde sei
wohst hoid ned imma brauchsd
i bass aa scho aaf draaf
und i gibsda aa zrugg
schbäda

an lungaflügl zum beispui
bala nix mea daugd
oda a haezglabbn
de nimma aaf und zua ged
duads aa

a haar waar zwar zweni
owa a oawaschl
aaf demsd nix mea heasd
oda a steifa finga
waarn grod richde

zuwos i des wui
du frogsd owa dum
wo i doch nia woass
wialang i mid meim linkn aug
no seng ko
wo as rechde eh bessa woa
des i dir gem hob

BRINGSD MAS BEI

hosdas xeng
gesdan im füimdeadda
wia hoassans denn glei
neinaneinzg schdöllungan
aas hindaindian
und da düakei
de ganze liddanei
bringsd mas bei?

woassd no
wias afanand gleng san
naggad oi drei
da oane fo foan
und da anda fo hind
und sie scho ganz hai
des woa fia mi nei
bringsd mas bei?

i denk heid no
wiasd lacha
an de sauerei
wia da oa ia
and diddn langd
und dann nimmd as wei
sein schwanz in ia mei
bringsd mas bei?

OID WEAN MA

neile howi wieda amoi
mim ofaroa ins gebiach gschaud
laudda gschbenzda xeng
oid wean ma
howi mia denggd

gesdan hod mi
a radlfoararin afm biagaschdeig
zamgfoan
so jung
howi mia denggd
kemma mia aa nimma zam

SCHDERNSCHNUBBN
nach Wallace Stevens[1]

i kannd genausoguad a schdrasnladean umarma
jez wosd ganga bisd
und i di nimma gschbia
nua no den drugg fo deina feichdn hend

jez wosd ganga bisd
und i nua no dei schdimm hea
de genauso koid is und lea is
wiad nochd

du muasd nix song
i hea di aaraso

sixd de groussn schwoazn fegl
ganz oom afm dooch
de schlaffn scho
und machn bloos ab und zua a aug aaf
dass seng
wenn a schdernschnubbn foid

i hädd genausoguad a schdrasnladern umarma kenna
in dera nochd

---

[1] Wallace Stevens (1879-1955), US-amerikanischer Lyriker und Essayist, der eine Zeit lang auch als Journalist gearbeitet hat.

GUD MOANG

in da fria
bin i imma so miad
do kon i kaam
as de augn schaun
und mi friad
wiaran bezzn

wann i as koide wassa
schbia im xichd
draaze fast
mei mong um
und ich brauch an
schdoakn kaffe
und a zigreddn

in da fria
bin i imma so miad
und i schau as
wie da dood
sagd danschi
de bei mia wond

schaud fast so aas

BEIM DOGGDA

beim schnaufa duads weh
in da lunga
und oiwei ligd schnee
af da zunga

in da fria schdichd as heaz
wiara messa
und in da nochd wiad da schmeaz
fasd no gressa

de hemmoriddn de juggn
de bleima
s is nix mea mim buggen
zwengs reima

de gnochn san moasch
kannsd ned laffa
und da mong is im oasch
fom fuin saffa

sogoa aa as dengga foid schwea
glaabmas sogda
s is nimma weid hea
midm doggda

heazsolodü

das d blüma farwoikn
woas a jeda
und wenns koid wead
finzdas aa
de schdeifn fliang am fensdabredl

im newl hoid da daüngrowa
de boana asm groob
das blooz wead
fia andere boana

und wenn d sünna ündaged
head ganz foisch
de lezde müsi af

drüm gfreizde aaraso
wannsd im wiazhaus
an heazsolodü
mid achd bauan Ichbüisd

HEAZSOLODU

das de bluman fawöikn
woas a jeda
und wenns koid wead
finzdas aa
de schdeifn fliang am fenstabredl

im newl hoid da daungrowa
de boana asm groob
das blooz wead
fia andare boana

und wenn d sunna unddaged
head ganz foisch
de lezde musi aaf

drum gfeizde aaraso
wannsd im wiazhaus
an herzsolodu
mid achd bauan spuisd

OWA UM EINE

af d loaddan gschdieng
owagfoin

afm eis danzd
umgfoin

a groum groom
eine gfoin

iatzt langdsma
i schdeh af roidrebbn

OIS CHIKAGO

neinzeahundadachzen
homs in amearika
an aikohoi faboon
und wos woa?

nu mea homs xuffn
in de schbikiisis
sogoa de weiwa
de foahea koan dropfn
ogriad hom

und gschmuggld homs
und hoamle schnabbs brennd
und de gangsta homse gfreid
da aikabone
und des ganze gschwerl

und wia da schwoazbrennde
imma schlechda woan is
san d leid krank woan
hom de xezza faachd
und koa schdeian mea zoid

bis ganz amearika am hund woa
und neinzeahundaddreiadreissg
as saffa wieda
genemigd woan is

FIABIDDN: WHEN THE SAINTS

zum heiling antonius
dasa machd dasa huifd
dasa findd
da foda sei bruin

zum heiling gambrinus
dasa machd dasa huift
dasa machd
da brai a gscheids bia

zum heiling florian
dasa machd dasa huifd
dass brennd
an nachbar sei heisl

zum heiling nikolaus
dasa machd dasa huifd
dasa kimmd
der krampus zum bruada

zum heiling christopherus
dasa machd dasa huifd
dasas schaffd
da oid opel an tüv

zum heiling bruada konrad
dasa machd dasa huifd
dasa ged
da goasbock zum deife

daumfedan

zwoa weiße daum
afm dooch
schlongse midde schnewe
d fedan und as bluad aus

in deim zeichd
hosd an mond sein schaddn

und a bsüffana im schdrosngroom
hod a fadiade blüma
im mai

do hoizd dei hend auf
und darwischd a daumfeda
a bluadiche
de foabeifliagd

bei eich schrein olle
in da nochd
wanz schlaffa im draam
weise dei foda dahenkd hod

jez sixd dei zichd
in de schwoazn woikn
und woasd ned
wosd mid deine hend
macha soisd, bruada

DAUMFEDAN

zwo weiße daum
afm dooch
schlongse midde schnewe
d fedan und as bluad aus

in deim xichd
host an mond sein schaddn

und a bsuffana im schdrosngroom
hod a fadiade bluma
im mai

do hoizd dei hend auf
und dawischd a daumfeda
a bluadiche
de foabeifliagd

bei eich schrein olle
in da nochd
wanz schlaffa im draam
weise dei foda dahengt hod

jez sixd dei xichd
in de schwoazn woikn
und woasd ned
wosd mid deine hend
macha soisd, bruada

DAADIDURI
Kurzer Beitrag zum Dialektischen Materialismus

wenn i mei gäid heagem daad
daadis as solidaridäd

wenn is owa ned heagib
duris as diridaridäd

SCHWAMMERLSUACHA

de oidn rendna
san de easchdn im woid
owa geh kennas nimma

de kenna
de besdn bladz
owa seng kennas nimma

de kenna an jedn schwamma
mim namma
owa meakn kennasn nimma

heid hoda wieda ned füi
in seim keaweal drin
an fliangschwamma
und a boa budzlkia

moizeid

HOACH

afgwachd
bin i
eigschlaffn

und renn
und renn dafo
aas an schlechdn draam
in de naggade wiaglichkeid

und schrei
und schrei luste
zeda und moadeo

hoach
wia mas wassa
im mei zammlaffd:

i siech a leich

schbiagl

manchmoi
da schdesd foam schbiagl
fou dia a brennade keazn
ünd hinta dia a leere wand
da moansd so bleibsd

dann drasde do üm
schaüsd de leere wand o
ünd measzed wia hinta dia
d keazn langsam fabrend
da moansd erschd rechd
so bleibsd

ünd dann gesd wieda
drasde ned üm
in schbiagl schaüsd aa nimma nei
des gibd da nixe daüahafz

SCHBIAGL

manchmoi
da schdest foam schbiagl
foa dia a brennade keazn
und hinta dia a leere wand
da moanst so bleibsd

dann drasde do um
schast de leere wand o
und meaxd wia hinta dia
a keazn langsam fabrend
da moansd erschd rechd
so bleibsd

und dann gesd wieda
drasde ned um
in schbiagl schausd a nimma nei
des gibd da nix dauahafz

MEI RUA

schdeaz mi ned
beim seifnkisdlbaun
ois ged beagab

schdeaz mi ned
beim kiaschkeanbuzzn
san guad zum
schussan

koane drei finga
hob i mea
hob schreina gleand

schdeaz mi ned
beim guggugschrein
i muas mein fodan
eigroom

DA GÖDE

dfranzhosn
hom a rewoluzijon gmachd

jez wean aa unsare bauan und oaweidda
neawös

bei da nochd
baggas ire misdgoweln und schdembl uan
und ziang zum rodhaus

do hod eana
dbuagamoasdarin
a fassl bia gschdifd

a rewoluzijon
schreid da bsuffane gmoadebb
a rewoluzijon
mia braucha koa rewoluzijon
des hod scho
da oide göde xagd

boarisch

LEM UND LEM LASSN

wenn da grausse an kloana duschd
hoassds: lem und lem lassn

wenn oa hend de anda waschd
hoassds: gem und gem lassn

wenn da pfoara an bensl schwingd
hoassds: schdeam und schdeam lassn

wenn an kudscha a schoass aaskimmd
hoassds: foan und foan lassn

WOS MA HOD

woarum a boa reich san
wei: wos ma hod
des kann oan
koana nema

woarum olle gleich san
wei: wos ma wui
des konn se
jeda kaffa

woarum ma so zfrin san
wei: wos no fäid
is an jedn
sei sach

SCHDADISDIG

neile howe glesn
wiafüi leid
am feansea einschlaffn

füi
fasd achdasechzg brozend genau
fo da oaweidndn
beföiggarung

owa wenn ma bedengd
das zwoaradreisg brozend
duachhoidn

muas ma se ned wundan
am nexdn doog
iwa de glasing augn
fo de koleng

gloagaddla
am samsdog
foans wieda naus
midm auto
bis foas goatndiarl

dann hoins de leich
asm koffaraum
und fagromses
untern bianbaam
schee blau

jetz head ma richde
as groos wasen

und am samsdog
foans wieda naus
midm auto
bis foas goatndiarl

bal gibz an frischn
kopfsalad

GLOAGADDLA

am samsdog
foans wieda naus
midm auto
bis foas goatndiarl

dann hoins de leich
asm koffaraum
und fagromses
untam bianbaam
schee blau

jetz head ma richde
as groos waxn

und am samsdog
foans wieda naus
midm auto
bis foas goatndiarl

bal gibz an frischn
kopfsalad

A UNGEHEIA

wenna afdauchd dea drachn
habz nix mea zum lachn
zäna wia messa
a menschenfressa
a greislicha schinda
frissd aa kloane kinda
schbeid schwefe und feia
a ungeheier
a soichas kaliwa
da biwa, da biwa, da biwa

den meada und reiwa
den fiachdn de weiwa
de mannaleid wimman
es gibd ja koan schlimman
koan schlimman fabrecha
und koana is frecha
in da schdookfinstan nachd
wenns iwaroi krachd
schreida heybawariwa
da biwa, da biwa, da biwa

oachan und lindn
loussda faschwindn
fabriggn und felda
wiesn und welda
an booch und an weiha
an halm himalaya
heisa und zimma
kennzd nachad nimma
fo texas bis kina
nur no ruina
nix loussd a iwa
haud ois iwadiwa
da biwa, da biwa, da biwa

GLOSSSCHEAMFIATL

entweda ea is a lump
oda sie is a lump
oana is imma a lump
hod dgramerin xagd
wai oana muas schuid sei
wenns mid zwoa nimma so glabbd

owa mia
woan ja in de aung
fo de nachban
scho imma de asozijoin

da freind fo meina schwesda
dea hod an soichan huasdn
dass ma imma säiwa weduad
wann i bloos
zuahea

DA UNDDASCHIED

ea is a breiss
owa a guada
da owa klaus fo da schwabinga rheinpfoiz
hod zwoa leidnschaftn
an effze sankt pauli
und de rolling stouns
ea schaud aa a bissl aus
wia da maik tschegga
nua no äidda

wenns ans zoin ged
sagd da klaus zu oam
dena ned moog
zum beischbui
wennz a oaschlooch is:
trenne dich von 17 euro achtzig

und zu oam
dena moog
zum beischbui
wennz a pauli- oder stouns-fan is
sogda
du darfst dich von 17 euro achtzig trennen

des is a gewalticha unddaschied

woidoaweidda

a baam
no a baam
fui beim
a woid

a haggl
a schloog
no a schloog
a doda im woid

WOIDOAWEIDDA

a baam
no a baam
fui beim
a woid

a haggl
a schloog
no a schloog
a doda im woid

DA MAIG

mei schbeze da maig
hod gesdan
an unfrankiadn briaf kriagd
one schdembbl one absenda

ea soi do amoi
is drin gschandn
an adomkean
schboidn

wiagle
hod da maig xagd
de bosd
wead aa imma bleeda

OWADOWODA

des ganze land
woa amoi
a oanzige breri

oa groshoim
is am andan groshoim
gschdandn
wiara baam

und ned amoi
de indiana
hosd mea xeng
obwois rod woan

owa do wo da
dschegg dembse hikaut hod
do waxd
koa gros mea

SO ODA SO
Beitrag zur deutsch-türkischen Verständigung

neile is ma an da rodn ampl
a türk hinddn draafgfoan

ja kannsd iatz du ned bremsn
howi xagd
wos foastn so schnäi?

i nix zu schnell
hoda xagd
du reduri

so konn mas aa sehng

DE DREI

kennzd an betonanton?
soidasd owa
wennsd an gmiasgoaddn host
betoniadadan

kennzd an asfoidkare?
soidasd owa
wennsd a blumawiesn hosd
asfoidiadadas

kennzt an pflastaraheinze?
soidasd owa
wennsd an eadepfeagga host
pflasdadadan

de drei
wennsd kennzd
bisd ois maulwuaf
da debb

DA BANKREIWA
oder: oda ned

gäid hea oda ned
hod da bankreiwa xagd

di kenni doch oda ned
hod de kassierarin xagd

gibsd as zua oda ned
hod da anwoid xagd

schdesd af oda ned
hod da richda xagd

bin ich bläd oda ned
hod da bankreiwa xagd

jez sidzda

Zeichda

so meine zwoa zeichda
kead oans an deife
und des anda
is fia de feiadoog

da düri dann an deife seins
in d schübloon nei
und machs fesd zua
und draaran schlissl üm
das d kinda ned neischaun kena
und an deife sei zeichd song

am oomd
hol is wieda aussa
und dauschs midm
feiadoxeseichd

measd jetz
wia d höi
in mia brend

XICHDA

fo meine zwoa xichda
kead oans an deife
und des anda
is fia de feiadoog

da duri dann an deife seins
in d schubloon nei
und machs fesd zua
und draaran schlissl um
das d kinda ned neischaun kena
und an deife sei xicht seng

am oomd
hol is wieda aussa
und dauschs midm
feiadoxxichd

meaxd jetz
wia d höi
in mia brend

MÖIDUNGEN

in da hinddaran mongolei
hom de kinesn
wida af de russn gschossn

da kissinga
hod gwoand
weis xagd hom
ea hädd aa dreg am schdeggn

de fuaßballa
fom effze baian
hom aasweaz fianui
gwonna

de bease
hod da bresidend fo da bease
im fernsea xagd
machze wida neie hoffnunga

und a muidare meraslufd
bringd a leichde
weddabessarung
de schneefoigrenz
schdeigd fo simhundat
af dausnd meda

DA UAGNOI

zeaschd hodas läichd afdraad
nachad is häi woan

dann hoda eigschiad
nachad is hoass woan

dann hodan schdebbsl zong
nachad is druggn woan

dann hoda zidda geschbuid
nachad is laud woan

dann hoda ooxaad
nachad is bunt woan

dann hodan adam gmachd
nachad is finsda woan

ZWIEFACHER

fuadd in da frua
hoam af d nachd
so hoz mei foda gmachd
oawan bis d schwaddn krachd
odl fo da sau, misd fo da kuah
backstoakaas, romadua
gschdunka hods gnua.

i bin fom andan schlooch
wann i ned aafschdee mooch
schlouf i an ganzn dooch
schau ned af d ua.
fuad af d nacht, hoam in da frua
so machds da bua.

SCHBRACHN

boarisch
hod ma mei muadda
beibrachd
göi doa fei
an babba foing

af da sdrass
fo de amis
homma sogoa
a boa broggn englisch
afgschnabbd
häibawariwa

und in da schui
homma hochdeitsch
gleand
gelobdsei
jesuschristus

und fo de amis
homma sogoa
a boa broggn englisch
afgschnabbd
häibawariwa

i hädd
doimeddscha
wean soin

KUMMI HEID NED

olle renna
weises ned dawoaddn kenna
dann duaz an dumbfn schlooch
und es werd nimma dooch
as meisde bassiad
weis bressiad
drum kummi heid ned
kummi moang

in da nochd wann i draam
bin i wiara baam
i ria mi ned
i schbia mi ned
in da fria beim weggn
bin i wiara schneggn
kummi heid ned
kummi moang

foa mia do schded oana
nix wia haud und boana
dea deid scho mim finga af mi
monsd mi diara mo?
dea machd scho an finga krumm
sogd glei: kumm
kummi heid ned
kummi moang

fogerl

dreizem meda
brauchd da mensch
dasa fliagd

miasd di blos
im fünfdn schdoog ans fensda schdoin
und oweschaun und büzda ei
du waarsd a fogl

dann meared wia da
kroin wasen an de fias
und a schnowl vor zeichd
wiasd schwoaz weasd wiara amsl
und kloa wiara schbooz

und schbiasd dasd fedan hosd
kannzde kaum no hoidn
da schreid scho oana
fo da schdrasn rauf
kim fogerl kim
dea ruafd scho ganz weid weg
dea ruafd scho in da foglschbraach

und dann schbringsd
und dann fliagsd

FOGERL

dreizen meda
brauchd da mensch
dasa fliagd

muasd di blos
im fümfdn schdoog ans fensta schdoin
und oweschaun und buizda ei
du waarst a fogl

dann meaxd wie da
kroin waxn an de fias
und a schnowl im xichd
wiasd schwoaz weasd wiara amsl
und kloa wiara schbooz

und schbiasd dasd fedan host
kannzde kaum no hoidn
da schreid scho oana
fo da schdrasn rauf
kim fogerl kim
dea ruafd scho ganz weid weg
dea ruafd scho in da foglschbraach

und dann schbringsd
und dann fliagsd

NOFEMBA
nach Xin Hu

ois is im newl dasuffn
und mei moped schbringd aa nimma o

am friedhof de doodn hom a pahdi gem
und singan ganz laud
gemma hoam oda gemma niad hoam

afm disdlagga lassn dkinda drachn schdeing
drachn de feia schbeim

da wind waad und renga duaz
da bosbod kimd in gummeschdiefe

und wenn um middanochd da goggl graad
schde i af und rauch a zigreddn
und mi friad wiaran bezzn

DLOARELEI

afana bonk
im englischn goaddn
hoggd a gammla
und kambed
seine langa hoar
mit an kam aas messing
dea aaschaud
wia goid

dann langda se
sei giddar hea
und schbuid wos
und singd

wannsd foabeikimsd
und zuaheasd
meaxd blözle
wie da ganz draure wead
und gesd ned glei weida
und wiast ned daschlong
bisd faloan
in ewichkeid

GLIGG

du wiasd do ned
howi wagd
as gas afdraan
wann da bliz
eischlagd
zum beischbui
is moizeid

nachad hodzase
mid dableddn fagiffd

und wia gasrechnung
kema is
howi drodenga miassn
wiafüi gligg
mia kabd hom
im ungligg

koana deaf woana

wan i amoi a leich bin
dann mechd i dausnd rosn
an meim grob
dausnd rode rosn
um mei koide nosn

d sonna miassd scheina
ois obs as lezde moi waar
an dem dog
und i daad nomoi schaung
mid meine brochan aung

dea dem i ois fomach
hoidd an jedn frei
an meina leich
koana deaf woana
um meine boana

und wenn da große schwoaze
fogl iwan friedhof fliagd
bassds af
des is mei soi
de fliagd in d höi

oda i fliag weida
in a andas lem
und fang nomoi nei o
und mach ois bessa
ois menschnfressa

KOANA DEAF WOANA

wan i amoi a leich bin
dann mechd i dausnd rosn
an meim grob
dausnd rode rosn
um mei koide nosn

d sonna miassd scheina
ois obs as lezde moi waar
an dem dog
und i daad nomoi schaung
mid meine brochan augn

dea dem i ois fomach
hoidd an jedn frei
an meina leich
koana deaf woana
um meine boana

und wenn da große schwoaze
fogl iwan friedhof fliagd
bassds af
des is mei söi
de fliagd in d höi

oda i fliag weida
in a andas lem
und fang nomoi nei o
und mach ois bessa
ois menschnfressa[1]

---

[1] Abgewandelt für den Freund in der norddeutschen Tiefebene:
oda i fliag weida
in a andas lem
und fang nomoi nei o
und mach de wäid bessa
ois brema brofessa

GÖDLICHE RUE

aafhean
sogi
a rua is
kenz ned amoi
fimf minuddn
eia mai
hoidn
es sagramendische
alelujaengl
es hunzheidane
schluss
mid dem gschroa
sogi
aas epfl amen

Inhaltsverzeichnis der Mundartgedichte

12	in da nochd / in der nacht
16	fana / fahnen
17	moaddapfoi / marterpfahl
18	affi owa / auf und ab
24	a schdiggl fo dia / ein kleines stück von dir
26	bringst mas bei / bringst es mir bei
27	oid wean ma / alt werden wir
28	schdernschnubbn / sternschnuppen
29	gud moang / gutmorgen
30	beim doggda / beim arzt
36	heazsolodu / herzsolodu (beim kartenspiel)
38	owa um eine / herunter um hinein
39	ois chikago / alles chikago
40	fiabiddn: when the saints / fürbitten: when the saints
46	daumfedan / taubenfedern
48	daadiduri / tät ich, tu ich
49	schwammerlsuacha / pilzsammler
50	hoach / horch
54	schbiagl / spiegel
56	mei rua / meine ruhe
57	da göde / goethe
58	lem und lem lassn / leben und leben lassen
59	wos ma hod / was man hat
60	schdadistig / statistik

66	gloagaddla / schrebergärtner
68	a ungehaia / ein ungeheuer
69	glosscheamfiatl / glasscherbenviertel
70	da unddaschied / der unterschied
74	woidoaweidda / waldarbeiter
76	da maig / maik
77	owadowoda / aber da, wo der
78	oda so / oder so
79	de drei / die drei
80	da bankreiwa / der bankräuber
84	xichda / gesichter
86	möidungen / meldungen
87	da uagnoi / der urknall
88	zwiefacher / zwiefacher (volkstanz)
89	schbrachn / sprachen
90	kummi heid ned / komm ich heut nicht
96	fogerl / vogel
98	nofemba / november
99	dloarelei / die loreley
100	gligg / glück
106	koana deaf woana / niemand darf weinen
108	gödliche rue / göttliche ruhe

Impressum

CIP-Titelaufnahme der Deutschen Bibliothek
Alois Segerer
Fogerl. Mundartlyrik und Fotografie

Herausgeber: Rudolph Bauer, rudolph-bauer.de
Texte und Fotos: Alois Segerer
Umschlaggestaltung und Satz:
Tizian Bauer – ansichtsache.com
Foto des Autors auf dem Rückumschlag:
Rudolph Bauer
Verlag und Druck:
tredition GmbH, Halenreie 40–44, 22359 Hamburg

ISBN Taschenbuch: 978-3-7482-8938-8
ISBN Hardcover: 978-3-7482-8939-5
ISBN e-Book: 978-3-7482-8940-1

Das Werk, einschließlich seiner Teile, ist urheberrechtlich geschützt. Jede Verwertung ist ohne Zustimmung des Verlages und des Herausgebers unzulässig. Dies gilt insbesondere für die elektronische oder sonstige Vervielfältigung, Übersetzung, Verbreitung und öffentliche Zugänglichmachung.

Bibliografische Information der Deutschen Nationalbibliothek:
Die Deutsche Nationalbibliothek verzeichnet diese Publikation in der Deutschen Nationalbibliografie; detaillierte bibliografische Daten sind im Internet unter http://dnb.d-nb.de abrufbar.